Inhalt

Zweiklassengesellschaft - drastische Erhöhung der EEG-Umlage spaltet die deutsche Firmenlandschaft noch tiefer

Kernthesen

Beitrag

Fallbeispiele

Weiterführende Literatur

Impressum

Zweiklassengesellschaft - drastische Erhöhung der EEG-Umlage spaltet die deutsche Firmenlandschaft noch tiefer

Harald Reil

Kernthesen

- Die Erhöhung der EEG-Umlage sorgt für Unmut, weil nichtbegünstigte Firmen fürchten, gegen die internationale Konkurrenz nicht mehr mithalten zu können.
- Verbesserte Energieeffizienzmaßnahmen werden kaum in der Lage sein, die

Mehrkosten wettzumachen.
- Einige Unternehmen bezweifeln die Verfassungsmäßigkeit der EEG-Umlage und drohen mit einer Klage vor dem Bundesverfassungsgericht.

Beitrag

An der EEG-Umlage scheiden sich die Geister

An der Erhöhung der EEG-Umlage von rund 3,6 auf 5,3 Cent pro Kilowattstunde Strom scheiden sich die Geister. Halten ihre Verfechter sie für unumgänglich, da nur so die Energiewende zu finanzieren sei, beklagen ihre Gegner massive Wettbewerbsnachteile. Der Handel zum Beispiel, in Deutschland immerhin der drittgrößte Energiekonsument, stöhnt unter einem zu erwartenden Mehraufwand von rund 800 Millionen Euro. Da einige Händler angesichts der Kosten, die auf sie zukommen werden, sogar um ihre Existenz fürchten, ziehen sie drastische Schritte in Erwägung und wollen beim Bundesverfassungsgericht eine Klage einreichen. (1), (9)

Deutsche Zweiklassengesellschaft

Die Erhöhung der EEG-Umlage ist aber auch deswegen zum Zankapfel geworden, da sogenannte energieintensive und exportorientierte Unternehmen von ihr befreit sind. Rund 2 000 Betriebe sind mittlerweile die Nutznießer dieser Regelung. Angesichts dieser Bevorzugung ist es verständlich, dass die Rede von einer Zweiklassengesellschaft schon seit längerem die Runde macht. Wie verzwickt die Lage wirklich ist, zeigt die Ankündigung von SPD-Kanzlerkandidat Peer Steinbrück. Im Falle seiner Wahl zum Bundeskanzler werde er die Energiekosten gerechter verteilen. Für die Wirtschaft bedeutet dies, dass viele der derzeit gültigen Ausnahmeregelungen wegfallen könnten. Dagegen werden allerdings die bisherigen Profiteure ankämpfen. Sollte Steinbrück also Bundeskanzler werden, liegt neuer Ärger in der Luft. (2), (3), (4)

EEG-Umlage lädt zu Tricksereien ein

Ärgerlich ist zudem, dass die Ausnahmeregelungen zu Tricksereien geradezu einladen. Es gibt Firmen, die ihren Stromverbrauch künstlich in die Höhe treiben, um in den Genuss der Umlagebefreiung zu kommen.

Andere nutzen gesetzliche Lücken, die ihnen das schwammig formulierte Eigenstromprivileg eröffnet, um der EEG-Umlage zu entgehen. Sie pachten kurzerhand Stromanlagen und erklären, dass der Strom, den sie beziehen, aus eigener Produktion stammt. Einer der ursprünglichen Gedanken der Ökosteuer, verantwortungsvoll mit Energie umzugehen, wird so konterkariert. Seit 2010 hat sich die Zahl der Unternehmen, die sich von der Ökosteuer entbinden ließen, fast vervierfacht. Das Forum ökologisch-soziale Marktwirtschaft und das Institut für Zukunfts-Energie-Systeme haben berechnet, dass sich die Kosten, die diese Unternehmen vermieden haben, im Jahr 2011 auf 8,6 Milliarden Euro beliefen - ein Betrag, den die nichtbegünstigten Unternehmen, aber natürlich auch der einfache Stromkunde kompensieren mussten. In diesem Jahr wird es noch dicker kommen. (3)

Trends

Schwere Zeiten

Die vier Betreiber der Übertragungsnetze haben bereits angekündigt, dass die EEG-Umlage in den Folgejahren weiter steigen wird - vorausgesetzt, sie wird nicht gekippt oder zumindest grundsätzlich überarbeitet. Den betroffenen Unternehmen bleibt dann als einzige Chance, alles daran zu setzen, um noch energieeffizienter zu arbeiten als bisher. Schaffen sie es jedoch nicht, ihre Stromkosten drastisch zu senken oder an anderen Stellschrauben zu drehen, um günstiger zu produzieren, wird ihre Wettbewerbsfähigkeit massiv bedroht. Im schlimmsten Fall droht sogar der Ruin. (5), (6), (7), (8)

Fallbeispiele

Strom für den Mittelstand im Jahr 2013 so teuer wie nie zuvor

Der Bundesverband der Energieabnehmer (VEA) hat berechnet, dass kleine und mittelständische Unternehmen (KMU) in diesem Jahr so viel Geld für Strom bezahlen werden wie noch nie zuvor. Maßgeblich verantwortlich dafür ist die Erhöhung der EEG-Zulage. Durchschnittlich werden die Energiekosten um 12,1 Prozentpunkte in die Höhe schnellen, wobei es allerdings regionale Unterschiede gibt. Kleine und mittlere Unternehmen, die von der Schweriner Wernag Netz ihren Strom beziehen, zahlen am meisten. Mit dem günstigsten Strom arbeiten Firmen und Betriebe, die sich von dem in

Darmstadt ansässigen Energieversorger VNB Rhein-Main-Neckar, den Stadtwerken Karlsruhe oder den Stadtwerken Kiel beliefern lassen. (5)

Deutsche Massivumformer schlagen Alternativlösungen zur EEG-Umlage vor

Der Industrieverband Massivumformung vertritt Unternehmen, die hauptsächlich der Automobilindustrie zuarbeiten. Er ist von der Erhöhung der EEG-Umlage ebenfalls alles andere begeistert. Sein Argument: Die Autobranche agiert weltweit, sucht sich ihre Zulieferer also auch rund um den Globus und gibt jenen Firmen den Zuschlag, die die günstigsten Angebote vorlegen. Da sich einheimische Massivumformer mit hohen Stromkosten herumschlagen müssen, können sie die Preise für ihre Produkte nicht so niedrig gestalten wie die Konkurrenz aus dem Ausland - haben also einen klaren Wettbewerbsnachteil. Ein Beispiel: Französische Massivumformer zahlen für den Strom zirka acht Cent pro Kilowattstunde, alle Steuern und Abgaben bereits inbegriffen. Das sind rund sechs Cent weniger, als deutsche Unternehmen seit diesem Jahr berappen müssen. Der Industrieverband Massivumformung bezweifelt zwar keineswegs den

Sinn der Energiewende, schlägt aber andere Lösungen als die EEG-Umlage vor, zumal diese in Zukunft weiter steigen soll. Zu den vorgeschlagenen Alternativlösungen gehört zum Beispiel eine Finanzierung über höhere Steuern. (6)

Edelstahlproduzenten beklagen verminderte Konkurrenzfähigkeit

Der Edelstahlhersteller Schmidt + Clemens mit Sitz in Nordrhein-Westfalen rechnet damit, dass seine Stromkosten aufgrund der EEG-Umlage in diesem Jahr um 1,3 Millionen Euro nach oben klettern werden. Der Chef des Unternehmens geht davon aus, dass seine Firma unter diesem Vorzeichen mit der Konkurrenz aus China, den USA und Russland nicht mehr mithalten kann. Ähnlich argumentiert der Geschäftsführer der Firma Dörrenberg, wie Schmidt + Clemens ein in Nordrhein-Westfalen ansässiger Edelstahlproduzent. Er befürchtet einen Anstieg der Stromkosten um 1,5 Millionen Euro und glaubt, dass sein Unternehmen im Vergleich mit der Konkurrenz des europäischen Auslandes das Nachsehen haben wird. (7)

Sächsische Textilfirma hält EEG-

Umlage für verfassungswidrig

Die Vowalon Beschichtung GmbH hat bereits Mitte letzten Jahres gegen die EEG-Umlage geklagt. Die Textilfirma aus Sachsen argumentiert, dass die Zahlung nicht verfassungskonform sei und will ihren Energieversorger, EnviaM, zur Rückerstattung der Gelder zwingen. Vowalon ist zusammen mit zwei anderen Unternehmen der Textilbranche Wortführer in einer Musterklage, die die Sachsen notfalls bis zum Bundesverfassungsgericht durchfechten wollen, sollten sie in den vorherigen Instanzen scheitern. Die Textilbranche beruft sich auf eine Expertise des Regensburger Verfassungsrechtlers Gerrit Manssen, der argumentiert, dass die EEG-Umlage ähnlich wie seinerzeit der sogenannte "Kohlepfennig" eine gesetzwidrige Sonderabgabe sei. Das Chemnitzer Landgericht wird die Klage der Vowalon Beschichtung GmbH am 29. Januar dieses Jahres verhandeln. (8)

Weiterführende Literatur

(1) Zündstoff
aus handelsjournal - Das Wirtschaftsmagazin für den Einzelhandel Heft 01/2013, Seite 27

(2) Die Preise steigen, die Stimmung sinkt

aus Hamburger Abendblatt, 20.12.2012, Nr. 298, S. 3

(3) Flucht aus der Ökostrom-Umlage
aus Handelsblatt Nr. 196 vom 10.10.2012 Seite 020

(4) „Kosten gerechter verteilen" Constantin Alsheimer, Chef der Mainova, fordert steuerbasierte Lösungen zur Energiefinanzierung
aus Frankfurter Neue Presse, Südausgabe vom 07.01.2013, Seite 2

(5) Den teuersten Strom gibt es in Schwerin
aus energate vom 10.01.2013

(6) Industrieverband Massivumformung EEG-Umlage bereitet Massivumformern existenzielle Sorgen
aus www.maschinenmarkt.de vom 18.01.2013

(7) Aus Cents werden Millionen
aus Kölner Stadtanzeiger, 08.01.2013

(8) Ende Januar Verhandlung zu Klage gegen Energie-Umlage
aus LVZ/Leipziger-Volkszeitung, 05.01.2013, S. 4

(9) Unter Spannung
aus Lebensmittel Zeitung 02 vom 11.01.2013 Seite 033

Impressum

Zweiklassengesellschaft - drastische Erhöhung der EEG-Umlage spaltet die deutsche Firmenlandschaft noch tiefer

Bibliografische Information der deutschen Nationalbibliothek

Die Deutsche Nationalbibliothek verzeichnet diese Publikation in der deutschen Nationalbibliografie; detaillierte bibliografische Daten sind im Internet über http://dnb.d-nb.de abrufbar.

ISBN: 978-3-7379-1539-7

© 2015 GBI-Genios Deutsche Wirtschaftsdatenbank GmbH, Freischützstraße 96, 81927 München, www.genios.de

Alle Rechte vorbehalten. Dieses Werk ist einschließlich aller seiner Teile – z.B. Texte, Tabellen und Grafiken - urheberrechtlich geschützt. Jede Verwertung außerhalb der Grenzen des Urheberrechtsgesetzes bedarf der vorherigen Zustimmung des Verlags. Dies gilt insbesondere auch für auszugsweise Nachdrucke, fotomechanische Vervielfältigungen (Fotokopie/Mikroskopie), Übersetzungen, Auswertungen durch Datenbanken oder ähnliche Einrichtungen und die Einspeicherung und Verarbeitung in elektronischen Systemen.